MADRES MUERTAS

Mechi Mariani

Aliar ediciones

Corrección: Inés González Calo
Diseño de cubierta: Laura S. Ayuso
Maquetación: Aliar Ediciones

Depósito Legal: GR 1207-2025
ISBN: 979-13-87823-74-0

Impreso en España

Edita
ALIAR Ediciones
www.aliarediciones.es
info@aliarediciones.es

MADRES MUERTAS

Mechi Mariani

A mi hermana

Más que mi abuela, que mis tías, imágenes episódicas, está la que les saca cien cabezas, la mujer blanca cuya voz resuena en mí, que me envuelve, mi madre. ¿Cómo viviendo junto a ella, no iba a pensar yo que es glorioso ser mujer, e incluso que las mujeres son superiores a los hombres? Ella es la fuerza y la tempestad, pero también la belleza, la curiosidad de las cosas, figura de proa que me abre las puertas del futuro y me afirma que no hay que tener nunca miedo de nada ni nadie.

Annie Ernaux, *La mujer helada*

CAPÍTULO I

EL INICIO DEL FIN

Por mucho dolor que me produzca esto, quiero terminar este testimonio en honor a vos, mamá, porque me enseñaste a amar, y amar también significa aceptar lo que soy. Soy y seguiré siendo tu hija, estés muerta vos o estés viva vos, te tengo presente y no me puedo imaginar una vida sin vos, acepto este infierno que es solo mío y con ello termino lo comenzado.

Primer diagnóstico, 18 de noviembre de 2019. Antes del COVID-19

Cuando salimos de la visita con la eminente neuróloga (según muchas conocedoras del tema), después de los resultados del escáner craneal y de unos test que le hicieron a mamá para determinar su grado de demencia, la médica declaró: «Tienes un posible Alzheimer». Aunque más tarde se diagnosticó como una demencia mixta y no como demencia tipo Alzheimer.

Al instante de recibir esta noticia las tres (vos, mi hermana y yo) nos quedamos mudas. ¿Ya lo sabíamos? ¿Y si lo sabíamos por qué nos quedamos mudas y por qué desde ese día toda nuestra vida cambió tan repentinamente?

Nuestro día a día, nuestras emociones, saber que ya te estabas yendo, poco a poco, como una forma de sublevarte contra los tiempos dolorosos de tu vida, el exilio, la separación de papá, los rencores, las mentiras del amor conyugal, la muerte de tus padres vivida desde tan lejos, el exilio, otra vez el maldito exilio[I].

Fue como comenzar sin frenos una carrera de Fórmula 1. Sin saber cuándo iba a acabar, pero siempre en alerta, una carrera frenética por vivir algo completamente desconocido para nosotras, tus dos «ejemplares hijas». El 19 de noviembre de 2019, justo antes del COVID-19, salimos las tres del despacho de la doctora. Y como siempre habíamos hecho en la familia, tratando las noticias familiares en común para apoyarnos mutuamente, pasara lo que pasase, volvimos a hacerlo. Pero esta vez ninguna podía decir mucho más. No sabíamos qué decir. Seguimos como si nada pero como si todo. No esperábamos esta noticia aunque nos la oliésemos. Teniendo en cuenta que siempre te olvidabas todo en todos lados, que siempre había que buscar en los libros, cajones, nevera o cajitas tus gafas, tu dinero, tus joyas...; teníamos la certeza de que eras despistada, siempre fuiste así, quisimos esconder la demencia con esos olvidos crónicos personalizados.

En los últimos años las señales de olvidos eran más jodidas, no recordabas mucho las situaciones a corto plazo, te sentías confundida muchas veces, no hablabas en reuniones familiares, cuando siempre habías sido el centro, el alma encarnada en esa mamá judía loba argentina que todas las personas presentes contemplaban con orgullo. Tenerte a vos en mis reuniones con mis colegas, en las manifestaciones, en mis eventos era un orgullo, eras de las pocas mamás que siempre estaba batallando conmigo fuera donde fuera, porque yo, como vos, siempre quise estar presente en la lucha.

Ay, ese maldito exilio o ay, esa maldita política, ¡cómo nos ha determinado!, ¡cuánto nos ha determinado en nuestras vidas!, mamá.

Estos últimos años, estabas como ida y te quedabas sentada horas mirando el horizonte desde las ventanas del salón que daban al mar. Eso me lo dijo mi hermana, yo no quería darme cuenta. El resto de la familia, después de conocer el diagnóstico, tampoco se asustó tanto: «Ya lo sabíamos, a tu mamá siempre se le olvida todo, no es nada nuevo», decían. «Ya lo sabíamos —repetían—, lo teníamos claro». Y en contraste, yo, perpleja ante tanta frialdad, o quizás ante tanta capacidad de esconder la cruda, dolorosa y obvia realidad. Yo, ante la sorpresiva reacción sin dudas de casi toda la familia que nos rodeaba, no hacía más que seguir sin entender, entendía cada vez menos. Muy pocas personas del círculo cercano se acercaron más amablemente y con un: «Cuánto lo siento, lo siento muchísimo por tu madre y por vosotras dos. Y tú, ¿cómo estás?». Esas pocas personas, por suerte, perduraron, perduran y perdurarán. Ojalá siempre en esta vida que me queda reciban tanto cariño de mi parte como yo he sentido de ellas.

Ese día, para nosotras tres comenzó un largo y doloroso camino... y al mismo tiempo vimos nuestras capacidades aflorar y alertarse para vivirlo de una forma diferente, para hacerlo más masticable y tomar, también, una decisión cuanto menos política («Lo personal es político», como manifiestan las feministas de los 70) de venerar la vejez y la vida y honrarte; sí, a vos, a mi vieja.

Un cuidado 24/7 que te merecías tanto vos como mi padre, por lo que hicieron en Argentina, por lo que vivieron después y, sobre todo, por haber elegido educarnos en el respeto, el amor y la solidaridad. Gracias a eso, vos tuviste la mejor trayectoria que te merecías, si no lo hice mejor es porque no supe cómo.

Aún hoy, después de 3 años de ese diagnóstico, todavía muchas personas de la familia (de sangre) no nos han llamado para soltar ese simple: ¿cómo estás?, ¿qué tal la enfermedad de tu madre, como estáis?, ¿cómo lleváis el duelo ahora que ya no está? Se dieron por informadas o se imaginaron cómo está una sin preguntarnos a nosotras, las que estábamos metidas hasta el ajo, cómo estábamos realmente, en ese alarde arrogante del ser humano que cree saber cómo está el otro sin saber ni cómo está él mismo. En esa faceta de violencia intrafamiliar tan señalada y denunciada por los principios del anarquismo, por el feminismo de los 70 y por otras teorías críticas, porque esto sí es violento: cuando en una familia aparece una noticia abrumadoramente triste, y sobre todo tan dramática, que perdura en el tiempo, una enfermedad degenerativa tan agresiva, y esa familia muestra indiferencia absoluta ante una situación objetiva que no ha elegido nadie ni nadie se merece, además de una dejadez que no acompaña, una indiferencia cruel, una familia que se esconde ante el dolor del otro, del otro que es cercano, eso sí es violencia.

No hay por qué nombrarlas, esas personas saben quiénes son, y tampoco me importa si no lo saben. En nuestra vida solo están en este texto y ya no ocupan nada más que eso.

Esta familia desagradecida con mayúsculas y que no se puede ni imaginar lo sádica que es la demencia junto con un EPOC en estado 4 terminal, con 24 horas de oxígeno durante los últimos dos años de la vida de mi madre, que genera una situación denigrante que solo hace que las personas que sí estamos cerca mostremos un inmenso amor, con una proyección de todo lo mejor de nosotras mismas para con la persona que padece la enfermedad, la mayor víctima de tanta crueldad social, neurológica y familiar.

Esos fantasmas familiares, que lo son porque nunca aparecieron, se convierten en borradores de dibujos animados de nuestra vida pasada en común. Ya no volverán más porque, además de irse para siempre, son personajes lejanos de la realidad que no pertenecen a este mundo, sino al mundo del egoísmo, al mundo de mirarse el ombligo para no ver más allá de sí mismos, al mundo de corazón que no ve, corazón que no siente.

Por suerte, ellas ya no están, mamá. Desde que te fuiste esas personas no solo siguen sin aparecer, sino que están tan fuera de este mundo físico que solo aparecen como una pesadilla dañina sin explicación, aunque cada vez se hacen más borrosas y se alejan, me doy cuenta de que, por suerte, ya no van a ser parte de mi familia ni de mi vida.

Entendí que la vida es como una ruta en barco en la que una capea temporales constantemente: enfermedad, muertes, noticias desagradables; y en la que una va encontrando a la tripulación con la que puede viajar, porque sabe que con esas «navegantas» que van saliendo con el día a día, muchas veces sin elegir, con esa tripulación que se vuelve parte de la familia que está tanto para las celebraciones como para el sufrimiento, hay que seguir adelante. Como vos decías, mamá: «Hijita, no se puede odiar y vivir con rencor, no se puede vivir con esos sentimientos a cuestas, y la única manera de seguir es dejar atrás a las personas que te hacen sufrir».

En realidad, nadie sabe absolutamente nada hasta que lo vive en su propia piel, por eso se agradecen tanto las otras palabras tiernas, enfocadas en una, desde la preocupación sincera y la ternura, sin haber vivido nada parecido, porque esas son las únicas que recuerdas, las de los fantasmas se te olvidan todas, afortunadamente.

Tampoco nunca imaginaste que la familia no te llamaría para saber cómo te sentías, dando por sentado que la vida seguía y que nos ocuparíamos (las dos hijas) de nuestra madre y ya está. Ese mandato familiar implantado en las mujeres se propagó y pasamos tres años en una nube de instauración de patrones matrilineales; «mujer sometida al cuidado», «es lo que hay». No hubo por parte de algunos familiares muy cercanos a vos ningún tipo de ofrecimiento, de acompañamiento, ni en lo material ni en lo emocional. Es decir, ni de dinero, ni de sillas de ruedas, ni de camas específicas para enfermas con alta dependencia física (por nombrar algunas cosas materiales que no fuesen dinero); tampoco se ofrecieron a hacer alguna de las noches (desde que la diagnosticaron no pasó ni un minuto sola, ya que ocurrieron algunos incidentes graves anteriores).

Al confirmar el posible Alzheimer, nos dimos cuenta de que estabas muy confusa y no podías estar sola por peligro a que ocurriesen más accidentes caseros. Pues eso, ningún familiar manifestó interés por pasar alguna noche durmiendo en casa para que las dos hijas pudieran descansar, o se ofreció a llevarte en coche a las citas médicas, a tomar un simple café, a ayudarte a vestirte, a buscar recursos, a conseguir un centro de día especializado para personas con demencia, a darte un abrazo semanal, a llamarte por teléfono cada semana para saber algo, ¡algo, lo que fuera!, o para ayudarnos a gestionar o a proporcionarnos información sobre qué ayudas económicas había para poder cuidarte en casa, a cocinar un menú sano, a sacarte a pasear con la silla de ruedas para que miraras más allá de la ventana del salón, a jugar con vos, a reír con vos.

Hablo de acompañamientos reales, que significan estar presente, y esa presencia que no se materializa se convierte en invisibilidad y alejamiento; por ende, cada vez los fantasmas son más reales y, a la vez, esos espectros se hacen más difusos, hasta desaparecer.

La noticia de la demencia de mamá fue un duro golpe del que aún no nos hemos podido recuperar. Para mi madre también lo fue, se pasó unos meses diciendo, como un disco rayado, cada vez que conocía a alguien: «Me llamo Amalia y tengo Alzheimer», con el consecuente momento de emoción para las que lo presenciábamos. Mucho dolor, mucha emoción constante, indómita, inexplicable. Mamá se comportó con una actitud como atontada, como si la noticia hubiese ralentizado mucho más sus capacidades y la tristeza la invadiera en un lento desarrollo de sus habilidades diarias, ya bastante acuciadas por la enfermedad en sí, pero exageradamente demostradas tras la noticia de su diagnóstico. Como si el botón le hubiese dado al *play* a la merma de sus capacidades básicas. El *shock* fue tal que su cerebro solo reaccionaba y registraba esa información, y no salió del bucle durante casi dos meses.

Cómo hacer un aliado de la demencia

La demencia (sea del tipo que sea) es una enfermedad muy sádica. Es un deterioro lento de las facultades neurológicas de las personas, que principalmente comienza con la memoria.

La historia en común que se ha tenido con esa persona, los recuerdos, las vivencias y el pasado conjunto van desapareciendo en un acuerdo silencioso y mutuo en el que te reconoces con la enferma y en el que gana la demencia. Porque es tan poderosa que te atrapa y te deja sin oportunidades, porque siempre va a peor y porque tienes que estar preparándote para cada día, porque cada día que pasa va a ser diferente.

Comienzas a vivir un cambio de actitudes, unas nuevas invenciones extrañas por parte de la enferma a la que tienes que atender con cuidado, y hacerle caso, y entrar en su mundo para que no se sienta más afuera de lo que ya está ni más rara de lo que su cerebro manifiesta. Este acuerdo invisible al que se suscriben las personas que la rodean y cuidan es para no dañar la dignidad de la enferma. Entonces, hay que tener mucha precaución con las conversaciones que se tienen, hay que tener cuidado de no hablar según qué temas. Por ejemplo, nunca se deben dar malas noticias, ya que son enfermas muy sensibles, que tienen poca capacidad de gestionar mucha información, sobre todo la información dolorosa. Lo que es muy impactante es ver, en el caso de mi madre, a una persona culta, muy leída, inteligente, conversadora, intelectual, y comprobar que es la misma persona que ahora está enferma y a la que hay que tratar de no confundir más. No puede seguir conversaciones complicadas como antes, no sabe expresar lo que siente o piensa porque no le salen las palabras en orden y además no se acuerda de casi nada.

Es un cóctel molotov que llama al aislamiento social y familiar si no se trata con mucho cuidado y respeto. Puede ser, y es, devastador, agotador. También es muy proclive al maltrato de cualquier tipo, porque las personas que sufren demencia son frágiles, muy sometidas y dependientes de quienes las rodean. Y si se confunden o no entienden o no recuerdan lo que se está hablando en las conversaciones se sienten mal. Y como esto les pasa todos los días, a cada rato, puede generarse un cúmulo de frustración diaria; aunque luego se olviden de lo que pasó, la sensación de frustración no se olvida. Por eso hay que optar por la paciencia, el amor, el apoyo y el respeto a la enferma ante todo. La más mínima agresión y enfrentamiento produce en estas personas un profundo malestar, porque no saben cómo reaccionar, no saben gestionar lo negativo, es algo que está fuera de su alcance. Entonces cualquier pelea, grito, agresión o chillido tiene que desaparecer del entorno, a no ser que sean chillidos para cantar cosas divertidas o emocionantes, ya que lo divertido y lo emocionante siempre les encanta.

También tienen la gran capacidad de crear y aprender rápido nuevas cosas si las repiten todos los días, esto significa que si les enseñas a dibujar cada día, si les pones música cada día, si les lees poemas cada día o les haces hacer manualidades responden muy positivamente, si es algo diario y constante, y enseñado desde la creatividad y la diversión. Son muy parecidas a la infancia: transparentes, espontáneas, puras, con un gran sentido de la emoción y de la sensibilidad, viven solamente en el presente y no tienen pasado. Como en la niñez, creen que todo gira en torno a ellas; entonces, si se las trata desde la incomprensión o la ignorancia de la adultez, igual que con las niñas, se las puede perjudicar.

La demencia es efectivamente el cambio del cerebro por el corazón, es decir, el cerebro ya no cavila y no conecta, pero el corazón está en su máximo esplendor de sentimientos y emociones. Nosotras, en el caso de mi madre, lo hemos respetado cada día, tratándola con mucho amor y alejándola de cualquier tipo de situación estresante para ella, para que viviese en un continuo hilo de afecto y ternura, para que pudiese estar tranquila y sin grandes altibajos.

Es muy diferente cuidar a una hija para que viva que cuidar a una madre para que muera. Yo no sabía qué le pasaba a mi madre por dentro, no sabía en qué pensaba, como si el diagnóstico clínico, la palabra de la eminencia en neurología, le hubiese quitado años de vida, acrecentando la enfermedad, y la hubiese aturdido.

Con el tiempo ese estado fue pasando y pudimos rescatarla de ahí. Mi hermana y yo entendimos que la demencia podía también llevarse desde el presente, desde lo cotidiano, desde un lugar inteligente mentalmente (con bromas y comedia, por recurrir a la naturaleza de la enfermedad de mi madre), en vez de tratarla desde la magnitud de ese padecimiento, desde el hartazgo de la repetición cotidiana de la comunicación básica, desde la inutilidad neuronal de la enferma, desde el pesar del olvido de una vida común, en un intento de cambiar la desazón de la realidad por una vivencia de disfrute diario para todas. En ese estar presente con el otro, y respetar su ser y su estado, se va dibujando una sábana blanca con transparencias borrosas que jamás va a tener otro color más que el de la dignidad del enfermo. Y no se puede ahondar mucho más que en eso, porque si no la persona que sufre la demencia se siente mal por no acordarse del pasado, mal porque tienes que repetirle las cosas. Entonces, el día a día se convierte de repente en un educar a la madre que te enseñó el camino de la vida, a mostrárselo vos de nuevo con cariño, con palabras bonitas, un presente atroz y vivaz, con esos ojos que te miran deseosos de compartir más, más y más historias bonitas. Nada más que eso. Y nada más que eso.

Mi mamá sufrió una demencia con pocas alucinaciones, tenía una de esas «crisis dementes» (así las llamábamos nosotras) cada tres semanas, crisis que aparecieron después de los cinco meses del diagnóstico, por lo que fuimos afortunadas dentro de lo que se puede llegar a vivir según el tipo de demencia, personalidad, físico y carácter de la enferma. No la medicamos con el tratamiento recomendado por la neuróloga. Preferimos ir viendo cómo se desarrollaba. Finalmente, jamás fue medicada de acuerdo con el protocolo aceptado para esta dolencia. Para estas crisis mensuales, que se prolongaron durante más de un año, encontramos, con la asistencia de su neuróloga, la dosis perfecta del medicamento que la mantenía tranquila, pero no adormecida ni aletargada (algo que ocurre muy frecuentemente en estos tipos de tratamientos). Comenzamos a dárselo diariamente para que no sufriera más crisis repentinas. Al administrárselo así, el medicamento se estabilizó en su cabeza; tomaba una pastilla cada día que la relajaba por la tarde antes de cenar e irse a la cama.

Sin embargo, mientras duraron, las crisis fueron horribles, momentos largos de absurdos pensamientos y reacciones nerviosas que le hacían daño porque eran muy atolondrados, raros, sin sentido, cosas que la volvían muy excitada y confusa. La desaparición de estas crisis fue un alivio, ya que eran insoportables, y la que lo pasaba peor era ella, porque si nosotras no entendíamos nada, ella, menos. Comenzaba con mucha excitación y nerviosísimo, que iba aumentando a medida que pasaban las horas. Eso era, de alguna manera, un síntoma que precedía a lo que estaba por venir y que a nosotras nos sirvió para poder medicarla a tiempo. Con la excitación continua dejaba de dormir, hablaba muy rápido sobre cosas sin sentido, quería levantarse de la silla constantemente (cuando no podía caminar sola).

Recuerdo una en especial, en la que hablaba atropellado y seguido y decía: «Llama a mis padres y diles que vengan a cenar, diles que vengan desde Buenos Aires, que los esperamos». Y yo contestaba: «Mamá, estamos en Mallorca, no en Buenos Aires, van a tardar mucho en venir», por no decirle que estaban muertos y hacerla sufrir, ya que ella estaba convencida de que los teníamos que llamar, y por ende de que vivían. Y ella respondía: «Dame el teléfono, que ya los llamo yo». Entonces, yo cogía el teléfono y hacía como que no podía conectar la llamada, porque sus padres vivían en el campo y no tenían cobertura. Luego le contestaba: «No lo cogen, están sin cobertura en el campo». Y ella me respondía: «Bueno, luego intentamos». Y así se quedaba tranquila hasta la siguiente paranoia. Esa noche duró mucho, la paramos con un tranquilizante fuerte que la hizo dormir durante casi un día entero. Estas crisis nerviosas le machacaban el cerebro y tenía que descansar muchas horas para recomponerse, más allá de los tranquilizantes.

Sé que muchos familiares viven situaciones muy críticas a diario y no quiero para nada obviar que eso existe. Nuestra experiencia por suerte fue sin episodios violentos o de escapadas, pérdidas, alucinaciones diarias, insomnio duradero o mal carácter.

Tengo Alzheimer y me llamo Amalia... Tengo Alzheimer y me llamo Amalia... Tengo Alzheimer y me llamo Amalia.

Ante la enfermedad comenzamos un largo pasaje hacia el olvido, la merma de una experiencia común con la madre que nos parió y nos acompañó siempre. Un olvido ya vivido en una familia de exiliados. Un olvido, sin embargo, nuevo y desconocido. La que nos amamantó, nos acurrucó, nos cuidó, nos cantó, nos contó, nos alimentó, nos nutrió, nos protegió, nos aconsejó, nos toleró, nos amó, nos respetó, nos divirtió, nos peinó, nos defendió, nos bañó, nos vistió, nos animó, nos pagó, nos peleó, nos mimó, nos dio tanto, la que está y estuvo siempre al lado aunque estuviésemos a miles de kilómetros de distancia, la que todavía está a nuestro lado aunque haya desaparecido de este mundo físico.

Por eso, yo la siento muy cerca aunque no esté conmigo, algo que me ha pasado estando ella viva pero alejada de mí por geografía. Ese es su gran triunfo. Esa mamá ya no estaba, y al mismo tiempo sí estaba, porque nunca perdió su esencia de loba protectora.

Esta jodida enfermedad sádica, con esos recuerdos que para ella se fueron borrando, cuando solo repetía «Tengo Alzheimer, me llamo Amalia y tengo Alzheimer, y me llamo Amalia», y ese quedarse mirándote fijamente con esos ojitos de lobita sangrando, perdida, pidiendo socorro... Esos momentos, tantos, han sido devastadores para las que estábamos con ella. Han sido como un disparo en el corazón, aún cuesta no emocionarse al recordarlos. Fueron unos años terribles para ella, donde a su mente no le era posible asimilar tal enfermedad, como no lo era para nosotras que estábamos sanas... y donde sus conexiones cerebrales ya estaban fallando tanto que todo tomaba un sentido muy extraño.

Y así, entablamos una lucha perdida de antemano. El olvido ha sido la parte más difícil de llevar, aún ahora que no estás no puedo comprender cómo la cabeza le puede jugar tan mala pasada a personas que te quieren tanto. Es una forma de defenderse del dolor vivido, dicen. Yo no sé lo que es, solo sé lo que viví, y eso fue una enfermedad inaguantable, insufrible, ingrata e infernal, un camino horroroso de dejarse ir.

Madre, no puedo encontrarte y mucho menos ser como tú.
Jane Lazarre, *El nudo materno*

He dado el salto de mí al alba.
He dejado mi cuerpo junto a la luz
y he cantado la tristeza de lo que nace.
Alejandra Pizarnik, *Árbol de Diana.*

CAPÍTULO II

¿EXILIO POÉTICO?

Mi madre, Amalia Josefina Micaela Teresa Susini Pardo, nació en Buenos Aires el 23 de julio de 1940. Un año antes había nacido mi padre, Athos Lorenzo Mariani Giorla, en Flores, Ciudad de Buenos Aires, el 17 de octubre de 1939. Se conocieron a finales de los 60 trabajando para la misma empresa de encuestas de mercado en Buenos Aires. En el año 1973 comenzaron su relación amorosa.

Amalia y Athos pertenecieron a grupos políticos estratégicos en el marco de la lucha contra las sucesivas dictaduras que padeció Argentina durante el siglo XX. Ellos, desde su militancia en esos grupos, trabajaron por la restauración de la democracia en Argentina y a favor de una revolución socialista.

Amalia durante sus años como estudiante universitaria (1956-1960) se involucró en «grupos de pensamiento político» que promovían la reflexión intelectual, fomentaban el debate y los espacios de diálogo para construir una estrategia política hacia el camino a la revolución socialista. En el año 1969 ella y varios compañeros de la universidad se integraron en la Brigada Masetti. Este grupo era parte de un frente de agrupaciones guerrilleras al que llamaron Fuerzas

Armadas de Liberación (FAL, 1969-1973), siendo la solución para integrar el antiguo Frente Argentino de Liberación (FAL, 1967-1969). Como constata Daniel Pereyra sobre la Brigada Masetti: «Su núcleo fundador provenía de un grupo de antiguos militantes del Ejército Guerrillero del Pueblo (EGP, 1963-1964) que en 1966 contaba con bases en varias ciudades. Con un planteamiento guevarista lograron captar a distintos sectores: obreros influenciados por sectores progresistas de la Iglesia, estudiantes católicos y peronistas con vínculos en la resistencia»[II]. El frente de las FAL (1969-1973) fue muy enérgico y realizaron un considerable número de acciones[III]. Además de la Brigada Masetti, el frente se compuso del Movimiento Revolucionario 8 de Octubre (una escisión del Partido Comunista Revolucionario, PCR), del grupo América Libre y de la Brigada Che Guevara. La lucha armada, la ruptura del oportunismo, el apoyo a Cuba y a los movimientos de liberación nacional fueron los ejes de este frente, sumados a una disposición de trabajar con el movimiento obrero, estudiantil y en las villas miseria. Las diferencias en el debate sobre el peronismo y las futuras primeras elecciones democráticas en muchos años inclinan las diferentes columnas del frente en dirección a los Montoneros (1968-1979) o al Ejército Revolucionario del Pueblo (ERP, 1968-1976), desapareciendo definitivamente hacia 1973.

Athos perteneció a varios grupos de guerrilla urbana desde muy joven. Como si su fecha de nacimiento, tan significativa para el movimiento peronista, hubiera orientado su pensamiento político[IV], fue un gran defensor del peronismo. Por ese motivo, luchó para su restauración desde la partida de Perón en 1955. Se integró en la resistencia peronista (1955-1956) con tan solo dieciséis años. Este grupo, organizado por John William Cooke[V], actuó con escasa dirección, ya que

Cooke fue detenido y permaneció en prisión hasta marzo de 1957. Fue un grupo apoyado fundamentalmente en sectores de base. Athos participó en los grupos de acción del buzón de resistencia (sectores de base) que hicieron explotar entre septiembre de 1955 y hasta las elecciones de 1957 aproximadamente 7.000 artefactos explosivos en Argentina[VI]. Por ello, Athos fue detenido por tenencia de armas y explosivos en 1956 y en 1958 fue amnistiado por el gobierno del Dr. Arturo Frondizi.

El peronismo lo marcó desde la juventud, a pesar de ser comunista y de creer en la revolución socialista de la clase trabajadora como forma de liberación tanto del imperialismo como de las clases dominantes nacionales. La revolución cubana, la china y la bolchevique fueron también ejemplos de lucha para las resistencias revolucionarias argentinas. En Argentina hubo unos 18 grupos armados de izquierdas desde 1955 hasta 1977 que coexistieron, cada uno con diferencias políticas sobre los otros (maoístas, guevaristas, trotskistas, rurales, urbanos, de tinte obrero, peronistas, etc.). Quizás estas diferencias, tan determinantes, en la forma de luchar entre las distintas posturas de la izquierda revolucionaria constituyeron una razón de peso que impidió alcanzar el objetivo de derrocar a las dictaduras y posibilitó el exterminio o «desaparición» de sus integrantes.

En el año 1965 Athos ingresó en la Facultad de Ciencias Exactas de la Universidad de Buenos Aires para estudiar matemáticas. En Argentina, las instituciones universitarias eran un caldo de cultivo para la resistencia, un centro donde los intelectuales y las personas críticas con el sistema tenían su lugar de encuentro y reunión. Muchos de esos compañeros de su universidad pertenecieron a grupos armados y más tarde también fueron desaparecidos y/o asesinados. El 29 de julio de 1966 fue detenido durante el suceso conocido como la Noche de los Bastones Largos[VII] en la Facultad de Ciencias Exactas, junto a profesores y alumnos de dicha facultad. Durante la dictadura del general Juan Carlos Onganía fueron intervenidas las universidades y se dio orden de reprimir a estudiantes y profesores.

Sus repetidas estancias en las cárceles no fueron gratas. Además de tener que estar separado de sus seres queridos, él deseaba seguir luchando por una Argentina libre y en la cárcel veía muchas injusticias. Fue torturado con picana eléctrica[VIII] y cuando tuvo un paro cardíaco los militares lo reavivaron; además, fue maltratado y agredido sexualmente en la cárcel. La prisión era un sitio generalmente muy marginal y a la vez muy politizado. Vivió algún episodio más tranquilo cuando pudo estudiar carpintería o seguir formándose políticamente.

A finales de 1967 lo liberaron de esta segunda detención y se integró en el Frente Argentino de Liberación[IX] (FAL, 1967-1969), un grupo de guerrilla urbana surgido de la escisión del Partido Socialista Argentino[X] y cuya principal diferencia fue que decidió usar las armas como forma de lucha, mientras que aquellos que se quedaron en el partido no vieron esa vía como una forma de victoria. Según el testimonio de mi padre, Argentina estaba llena de armamento tanto de los militares como de los grupos guerrilleros. Así surgieron las FAL y entre sus actuaciones hubo asaltos, secuestros y robos[XI]. Normalmente lo recaudado en los robos era usado para comprar más armamento o para repartir en las villas miseria (algo común en los grupos armados de esa época, muy concienciados con las carencias de las villas). Según su testimonio, en una acción el 5 de abril de 1969 en donde las FAL desarmaron a la guardia del Regimiento 1.º de

Infantería, fueron detenidos y secuestrados Alejandro Rodolfo Baldú y Carlos Domingo Della Nave, y al ser los dos compañeros de mi padre y del grupo los demás intentaron escapar y esconderse, pero a los meses Athos cayó y fue detenido una vez más. Por otra parte, después de esta derrota, todos los cuadros de las FAL y sus locales desaparecieron. Finalmente, sus militantes se integraron en otro grupo llamado Fuerzas Armadas de Liberación (FAL, 1969-1973)[XII].

En esta última detención, que fue el 30 de noviembre de 1970, durante el Gobierno *de facto* presidido a esa fecha por Roberto Marcelo Levingston, Athos, en lucha por la democracia y en contra de la dictadura, ingresó en la cárcel de Devoto en Buenos Aires como exmiembro de las FAL, donde se encontró con más compañeros de la guerrilla. Pasaron 3 años detenidos hasta que el 25 de mayo de 1973 el Gobierno democrático del Dr. Héctor José Cámpora, liderado por Perón en España, decidió amnistiar a todos los presos políticos de Argentina. En ese mismo año, Athos fue nombrado director de Abastecimiento y Consumo de la municipalidad de la Ciudad de Buenos Aires por el intendente Dr. Leopoldo Frenkel y al poco fue destituido por el intendente general José Embrioni, a causa de diferencias políticas irreconciliables, según mi padre.

Al mismo tiempo y en la medida en que el Gobierno que había asumido el general Perón en octubre de 1973 quedaba en manos de la derecha peronista y luego de su muerte en julio de 1974, al haber sido Athos un activo funcionario de la municipalidad de la Ciudad de Buenos Aires y debido a los antecedentes políticos personales mencionados de los dos, la pareja decidió salir de Buenos Aires. Esto se aceleró con la venta de su piso allí. Con el dinero que obtuvieron compraron una chacra en Córdoba, Colonia Tirolesa. Durante casi dos años comienzan un proyecto de granja con animales y horticultura local. Habían dejado la guerrilla y cualquier tipo de cargo institucional y vivían tranquilos con Laura, mi hermana mayor, en el campo.

Sin embargo, lo peor estaba aún por llegar, los militares prepararon un nuevo golpe. El 24 de marzo de 1976 derrocan al Gobierno de María Estela Martínez de Perón e instauran la última dictadura que hasta la fecha sufrió Argentina. Fue la más sangrienta y represora de la historia del país. La dictadura militar, encabezada por comandantes generales de las Fuerzas Armadas —teniente general Jorge Rafael Videla (Ejército), almirante Emilio Eduardo Massera (Armada) y brigadier general Orlando Ramón Agosti (Fuerza Aérea)—, aplicó nuevos métodos de tortura, aprendidos en las Escuelas de Mecánica de la Armada (ESMA) de Latinoamérica y de la CIA en Panamá, nuevas formas de represión, de persecución a militantes y de desaparición forzada, tirando los cadáveres de los secuestrados y asesinados desde aviones al Río de la Plata. No todos los perseguidos, torturados o desaparecidos eran militantes o guerrilleros. Hay miles de testimonios de personas que no tenían nada que ver con la militancia activa y solo por haber sido amigos de o familiares de fueron secuestrados y torturados.

A mediados de marzo de 1977 llegó un comando a su casa de campo en Córdoba y secuestró a Amalia, a su hermano Jorge, a mi abuelo Hernán y a unos ocho vecinos adentro de la finca. Estaban buscando el paradero de Athos. Los amenazaron con armas y finalmente se llevaron a Amalia metida en un Falcon[XIII].

Mientras, en Buenos Aires, secuestraron a los familiares de Athos. Raptaron en su casa a su madre Clotilde, a su padrastro Horacio y a su hermano Víctor. Se llevaron a su hermano

Víctor a un centro de torturas donde fue atormentado durante más de 15 días. Posteriormente fueron dejados en libertad. Víctor era médico y anciano mayor de la Iglesia Adventista del Séptimo Día. Después de esto, Víctor, aterrorizado, decidió emigrar a Canadá con su mujer y sus tres hijas.

Mientras Amalia estaba secuestrada en el Falcon, les contó a los milicos, con medias puestas en la cabeza para no ser reconocidos (esto fue un trauma que le quedó grabado en la mente), que ya no sabía nada de su pareja y que él la había dejado embarazada y se había ido con otra mujer. Los intentó convencer de que él la había engañado y que ella no tenía ni idea de su paradero. Tanto su mentira como sus relaciones familiares (cuando estaba en el coche escuchó cómo los milicos mencionaban el apellido de su familia paterna, Susini) aparentemente sirvieron para que a las horas de permanecer dando vueltas con el coche la liberaran. La dejaron tirada en un descampado, en ese momento ella pensó que le iban a pegar un tiro en la nuca, ya que era una de las formas que tenían de asesinar a los secuestrados. Entonces el coche arrancó, ella esperó... y el tiro no llegó. De ahí, al estar embarazada de mí, para no levantar sospechas fue a un hospital que vio cerca de donde la habían dejado, ingresó en la sala de espera y con mucha ansiedad y pánico llamó a sus padres. Ellos se organizaron para ir a buscarla y en ese viaje planificaron su partida y la de mi hermana Laura de Argentina.

Toda la familia estaba muy asustada por lo que acababan de vivir, y aun así algunos de ellos no podían creer lo que estaba pasando... como les ocurrió a tantas personas que vivían en la incredulidad ante el *shock* que les producía saber que los secuestros y las desapariciones de personas estaban realmente sucediendo. Muchas, hasta que no llegó el Juicio a las Juntas[XIV], en 1985, no vieron la realidad. A partir de la historia personal y política de Athos y Amalia, y como consecuencia de su posicionamiento político, tanto ellos dos como otros miles de argentinos vivieron en una batalla continua, asediados por la persecución de los militares, la policía y la triple A[XV].

En la chacra, los parientes secuestrados en la finca de Córdoba fueron liberados el mismo día. Teniendo en cuenta estos últimos acontecimientos, entre secuestros y torturas a seres queridos, además de las desapariciones forzosas de compañeros, que se sucedían a mansalva, la pareja y sus familias comenzaron a planificar su salida forzada y definitiva. Al no poder permanecer junta (por motivos de seguridad y para que si detenían a uno no los mataran a todos), la pareja se comunicaba a través de amigos para planificar la salida.

El exilio surgió como única solución a la persecución militar, tal como lo fue para 50.000[XVI] exiliados más. Resolvieron irse cada uno por su lado a Brasil, donde había más refugiados políticos tanto de Argentina como de otros países sudamericanos que vivían en dictaduras represoras, por lo que se formó una red de solidaridad para con los refugiados. Athos llegó a São Paulo a finales de marzo de 1977, saliendo de Argentina en un bus para turistas por las cataratas del Iguazú. Amalia llegó embarazada de 5 meses de mí y con mi hermana mayor a mediados de abril de ese año, saliendo en un barco comercial que viajaba a Montevideo. Pocos meses después de haberse encontrado en São Paulo, se conoció que a través del Plan Cóndor[XVII] eran secuestrados y desaparecidos argentinos y otros exiliados políticos del resto de dictaduras de América Latina. Como consecuencia, Amalia y Athos decidieron tomar contacto con la sede del Alto Comisionado de las Naciones Unidas (ACNUR) en Río de Janeiro y quedaron bajo su protección. Tras varias gestiones,

ACNUR tramitó nuestro estado de refugiados y el Estado sueco accedió a darnos asilo político. Fuimos, entonces, reconocidos como un grupo familiar refugiado bajo el mandato de ACNUR en Brasil en julio de 1977 (a finales de julio tiene lugar mi nacimiento en São Paulo) y posteriormente asentados por ACNUR en Suecia, país hacia el que partimos el 29 de diciembre de 1977.

Llegamos a Suecia el día 30 de diciembre de 1977. ACNUR nos concedió, como grupo familiar, el visado de ingreso, permanencia y trabajo desde el día 20 de diciembre de 1977, según el acuerdo establecido en la Convención de Ginebra del 8 de julio de 1951. Una vez instalados en el país nórdico, las niñas comenzamos el colegio y mis padres se dispusieron a aprender el idioma.

A Athos se le ofreció concursar por un trabajo en África, con la posibilidad de trabajar en la República Popular de Mozambique en el departamento de Planificación y Mercadeo de la comercialización de productos agrícolas en planes estratégicos financiados por gobiernos nórdicos y por la Organización de las Naciones Unidas para la Agricultura y la Alimentación (FAO). Athos fue responsable durante 2 años de las Reservas Estratégicas Alimentarias de Mozambique en coordinación con la FAO. Vivimos allí 5 años y medio en total. Al dejar Mozambique definitivamente, visitamos algunos países de la Unión Europea y nos instalamos en España definitivamente, hasta el momento.

En química, la sublimación es el salto de un estado a otro, como de sólido a gas, sin pasar por el estado intermedio de líquido. El artista, argumentó Freud, hace algo parecido a partir de instintos y emociones poderosas y básicas,
que transforma en creaciones con valor estético.
Sue Stuart-Smith, *La mente bien ajardinada:*
las ventajas de vivir al ritmo de las plantas

CAPÍTULO III

CARTAS A MAMÁ

6 de enero de 2020. Pleno COVID-19 y restricciones globales

Querida mamá, estos últimos días me di cuenta de que esta familia tan especial que somos, fuimos, salpica por todas partes. Se diferencia de las otras en su conformación, se nota, se siente en lo opuesto de la familia clásica.

La violencia, el abuso, la degradación familiar son aspectos del día a día en cuanto a las relaciones de familia. Nada nuevo que comentar sobre ello, pero cuando tratas como progenitora y antigua miembro de otro clan familiar de recrear nuevas formas de convivir con la tuya es un gran ejemplo para las que te rodean.

En casa, mamá, hemos tenido la suerte de que ustedes conscientemente crearan otro tipo de familia en la que la violencia y la manipulación no iban a estar presentes. Eso se decidió y así nos educaron.

También, al nacer en el exilio y por crecer en «otras vidas»[XVIII] que no nos pertenecían, yo, al romper el cordón umbilical a mis veinte años, he podido veros con más atención y con más cariño porque siempre nos disteis la libertad individual para eso. Por eso me arrimé tanto a ti en estos últimos quince años, porque acercarme a estar presente en tu vida no era una imposición, ni una obligación, ni un capricho, sino un deseo voluntario ejercido desde la libre elección. La libertad es solo eso, poder elegir, y «poder elegir es el paraíso»[XIX].

Elegir sin condicionamientos, sin presiones, sin manipulaciones, sin mentiras, sin acoso, sin victimismos, con la panza llena, con la factura de luz pagada... La plena libertad solo se puede ejercer con la capacidad de elegir en igualdad de condiciones. Y cuando tienes unas progenitoras tóxicas es difícil ejercer la libertad de elección.

Por todo esto, que a mí me parece la consumación de vuestro aprendizaje como progenitoras, os quiero dar las gracias. Gracias, además, por el amor que me traspasaste por el tango, por la literatura, por la ópera (como buena hija de cantante de zarzuela). Aunque hay tangos y óperas que no puedo escuchar desde que enfermaste porque se me pone la piel de gallina y me chirría el corazón. Gracias también por mostrarme tu pasión hacia la pintura y el arte en general.

Gracias por sacarme casi a hostias de esa barriga golpeada por los milicos[XX] a los que convenciste de que vos no estabas con la guerrilla, que papá te había dejado embarazada y se había ido con otra, farsas que consiguieron dejarte libre cuando te secuestraron embarazada de mí. Metida en el Ford Falcon maniatada y con los ojos vendados escuchaste: «Esta es familia de Hernán Susini»[XXI] .

Me contaste que te tiraron del Falcon a la calle y que te dejaron ahí. Enmudecía cada vez que me lo contabas. Estabas embarazada de seis meses de mí. Te metiste en un hospital pensando que ahí estarías a salvo. Si no hubiese pasado eso, ese fino momento entre la vida y la suerte, vos serías una desaparecida y yo una H.I.J.A[XXII] de la dictadura[XXIII].

Gracias por pelear por tenerme y por haberlo conseguido con tanto nervio, tanto que salí antes de la barriga por esa adrenalina que me disparaste. Tuvimos mucha suerte, mamá, no como tantas madres desaparecidas. Una suerte que permanece aún acompañándome.

17 de marzo 2020. Confinamiento amable

Querida Goli, en plenas restricciones de la pandemia por el COVID-19 estamos en tu casa todo el día acompañándote. Yo puedo salir de mi casa para ir a cuidarte a la tuya, ya que eres un familiar dependiente. Estamos pasando juntas muchas horas en una situación macabra globalmente. Por el momento, convivimos en una burbuja familiar muy restringida y no nos hemos contagiado ninguna.

Quién sabe qué va a pasar, pero realmente es algo que se escapa de cualquier novela de ciencia ficción. Espero que nunca te contagies, porque con tu nivel de EPOC no habría salvación.

12 de abril de 2020. Aniversario de la boda de mis padres

Sé que debería decir cosas lindas sobre vos, pero no lanzaré los mensajes que se esperan de unas hijas queridas. Los últimos años con tu demencia y tu EPOC han sido muy difíciles de llevar, el amor no se discute nunca y quizás por ello lo nombro poco. Porque está en cada palabra, en cada silencio, en cada coma, en todas las vocales.

No es de recibo tener que repetirte a cada momento en qué mes estamos, quién es quién, dónde estudié, por qué me fui a Londres, cuánto tiempo viví en Argentina y tantos más datos de nuestra vida en común familiar.

Es agotador repetirte qué es lo que acabas de comer y que es imposible que vuelvas a tener hambre porque comiste hace cuatro minutos. Repetirte qué hay que hacer cada día, repetirte por qué tal persona te trata con tanto cariño, de dónde viene. Repetirte y repetirte y repetirme y repetirme. Y es un enigma saber por qué te acordás de algunas cosas y no de otras. Esas repeticiones agónicas que insisten sobre algo que acabamos de conversar.

El amor siempre permanece, por eso estoy escribiendo esta parte que no comparto con muchas personas porque es imposible de narrar cada instante tan deprimente. Un sufrimiento por una situación objetiva que ninguna eligió ni buscó. Dos enfermedades que arrasaron con tu cuerpo y tu cabeza y con todas las que te rodeamos y te queremos tanto.

Nosotras dos, tus hijas, te estamos cuidando para morir y no para vivir. Sé que vos también te cansás de no acordarte de nada, de preguntar todo el tiempo las cosas, de depender de nosotras para comer, para ir al baño, para limpiarte, para entretenerte, para beber, para tomar las pastillas, para subirte a la silla de ruedas, para encender el aparato de oxígeno y limpiarle el filtro, para llamar a que lo repongan, para ir a la médica, para organizar la ropa de inverno y de verano, para gestionar las visitas con las especialistas, encargarse de las ayudas —o de las no ayudas—, tratar la calidez de tus amigas y las visitas que recibís y darles espacio en tu vida. Difícil es también poner al día a tus dos hermanos sobre cómo estás, hacerlos parte de tus últimos años de vida, contarles qué seguís haciendo y qué estás dejando de hacer, tramitar tu jubilación, tu dinero, tu móvil, tus libros, organizar tu casa, mudar todas tus cosas para vivir con nosotras. Solas.

Y por supuesto todo esto sin papá acá, sin su maravillosa presencia y personalidad. Nos hubiese ayudado y facilitado tanto toda esta vivencia con su carisma, su carácter de papa oso, su inteligencia emocional y su apoyo incondicional. Él, que luchó tantas veces por sobrevivir, sufrió tantos momentos en los que casi se muere[XXIV] y al final un maldito cáncer acabó con el hombre de siete vidas.

No sé... no entiendo nada, pero tampoco ahora importa mucho, porque por suerte, querida mamá, yo tengo una percepción y una vida diferente a la que tuvieron ustedes, mis padres. Lo digo con el orgullo de vivir desde hace años un proceso de transformación personal constante sin dar nada por sentado, adaptándome a la impermanencia de la vida y cautivada por lo que me ofrece para seguir aprendiendo, cambiando, y para intentar ser, siempre que pueda, una mujer justa con mis necesidades emocionales.

Puedo ser así, gracias también, en parte a nuestra relación única de familia «pegote», como decía papá. Esto se traduce en un vínculo exclusivo creado a partir del exilio en una «familia caparazón» que se cuidó tanto de sernos respetuosas y amorosas entre nosotras cuatro.

Pero todo eso no me libra de pensar que ustedes fallaron en algunas cosas. Fallaron en planificar un futuro, en hacerse cargo de su postexilio y de su postamor como pareja.

Fallaron en inculcarnos que había que ser seres solidarios siempre, sin reflexionar sobre las personas que abusan de esa solidaridad. Eso tuvimos que aprender a pararlo solas. He podido vivir en carne propia los abusos de todo tipo que han sufrido vos y papá por parte de amistades y familia que solo querían de ustedes vuestra solidaridad (y todo lo que esta conllevaba), pero sin daros nada a cambio. Y el verlo tan claro me ha ayudado, y pienso que a mi hermana también, a poder decir: «Se acabó».

Ustedes dos proclamaron la solidaridad como valor intrínseco y como un mandato en su formar de vivir. Lo que no pararon ni vieron venir fue esa delgada línea que es el abuso que la separa. A sus dos hijas no les pasa más.

Por supuesto, están las que sí son amigas y familia sin interés alguno. Mamá, gracias por las maravillosas amigas que tenés, son pocas pero están tan presentes, tan de izquierdas, tan cultas, tan libertarias, tan luchadoras; son tan mis tías porque son tan tus amigas fantásticas, mis superheroínas, que han vivido y luchado contra el franquismo, en el caso de las españolas, sin conformarse con hacer como si nada pasase, o que han luchado como ustedes contra la dictadura argentina poniendo su cuerpo, su historia, arriesgando su vida. Son una generación que también va envejeciendo e irá desapareciendo, y no puedo dejar de nombrarla.

26 de abril de 2020. Noches sin descanso

Querida Goli[XXV], anoche tuve una pesadilla muy fea sobre tu enfermedad y todo lo que estamos viviendo. En ella, estábamos vos y yo en tu casa de toda la vida, acomodadas en el salón me decías que querías ir a dar una vuelta para ver el mar. Que te llevara a dar un paseo por la costa. De repente veo que te empezás a desvestir, te sacás toda la ropa diciendo cosas sin sentido. Entonces, te pido que te vuelvas a vestir, que te vas a enfriar. Y desnuda me contestás que vos estás muy bien así y te levantás, saliendo por el pasillo hacia la puerta de la entrada del piso diciendo cosas sin sentido y desnuda. Te sigo sin entender nada y de repente aparecemos en otro piso, el de una vecina, estamos sentadas en el comedor de esa casa ajena y vos seguís en bolas y ella nos pregunta que si queremos algo y le explico la situación. Me contesta que ella es costurera y nos puede hacer un vestido para que vos te tapes, accedo, pero vos no, vos estás erre que erre con que así te sentís muy bien. Ya no recuerdo más.

Fue muy angustioso estar ahí con vos en ese estado. Me desperté y estuve todo el día muy triste hasta que por fin lo entendí.

Es solo eso, que parece poco pero es muchísimo y es lo más importante: vos estás bien, viviendo tu presente junto a las personas que te cuidamos y te queremos, y las locuras que puedas hacer las tenemos que entender porque vos estás bien. Y no hay mucho más que aprender: a vivir esto día a día y a acompañarte en este estado medio infantil y tan presente en el que te encontrás.

Esta tarde, cuando te vi, te conté la pesadilla y te reíste a carcajadas. Me encantó verte así, tan divertida. Con esta enfermedad te reís como nunca lo has hecho en tu vida. El filtro neurológico es tan grande que también se ceba con lo cómico y con la vergüenza. Verte reír así sin parar y haciéndome de mamá linda y protectora porque tuve una pesadilla me emocionó, porque además lo vivo de una manera muy intensa, pues sé que no lo voy a vivir muchas más veces y porque seguís cumpliendo ese papel a pesar de tu enfermedad. A medida que esta va empeorando a mí me cruje más el corazón, en un desgarramiento por dentro con intensa tristeza que nunca antes había experimentado.

Vivo un duelo en vida según mi terapeuta. Además, sé que estoy viviendo una depresión y que las pocas fuerzas que saco son para cuidarte a vos, no doy para nada más. No me cabe nada más en el alma, no me preocupo ni por mí ni por nadie más que vos. Pero a pesar de estar donde quiero estar el desconsuelo es desesperante.

Sé que algún día estarás tan cansada que dejarás todos esos papeles actorales y te darás por vencida. Pero hasta ese día yo seguiré actuando como una niña pequeña que te cuenta sus pesadillas, y vos con tu mirada y tus comentarios me consolás como has hecho toda tu vida.

12 de mayo 2020. Ingresos hospitalarios habituales

Mamá ha estado casi tres semanas ingresada en el hospital por una infección en el hígado. Ha sido una locura hacer los turnos de noche y de día con tan poca ayuda familiar. Como tiene demencia nos dejan estar con ella 24 horas a pesar de las restricciones del COVID-19. Solo puede ir un familiar a la vez. Con este ingreso ya son cinco en este año por diferentes causas, sobre todo respiratorias. La pobre mujer está agotada pero su corazón resiste.

10 de julio de 2020. Demencia galopante

«Hija, ¿yo nací sin dientes?», me preguntó mamá ayer delante del espejo cuando le estaba poniendo la dentadura postiza. ¿Pero qué grado de imaginación puede llegar a liberar la demencia para preguntar ese tipo de cosas?

Le expliqué que nació con dientes y que a los sesenta y cinco años se le empezaron a caer porque tenía las encías muy bajas y se le infectaban, y de ahí uno a uno se le fueron cayendo. Como le quedaban pocos, seguí explicándole, le hicieron una dentadura postiza. Le conté que yo la acompañé a Madrid a que su querido primo dentista le arreglase toda la boca.

—Qué terrible que no me acuerde de eso, de que nací con dientes —me contestó.

—Para eso estoy yo aquí, para recordártelo. Y además te lo cuento encantada las veces que quieras.

Mi respuesta, que parece tan serena y sabia, es una de las más duras que en varias ocasiones he tenido que darle. Una respuesta que a ella la reconforta y la llena de seguridad. Una respuesta que a mí me destroza y me vacía por dentro, con la sensación de que me estallase un chorro de abismo por el estómago, que me paraliza por dentro.

Esto es el día a día desde hace un par de años. No puedo ni imaginar el infierno que debe ser una demencia en alguien de 50 o de 60 años.

5 de septiembre de 2020. ¡Vamos al cole!

Querida mamá, por fin te hemos encontrado un centro de día, donde pasas la jornada de lunes a viernes desde las nueve de la mañana hasta las cinco de la tarde. Es un lugar con un equipo de profesionales amoroso que trata la demencia con terapias desde el acompañamiento: el juego, las manualidades, la música, el baile. Acuden pacientes de todos los tipos y grados de demencia.

Vos sos una de las más listas, tanto en juegos de palabras como de memoria y vocabulario. Desde que vas estás tan fantástica, tan despierta, tan espabilada, tan divertida. El sitio es ideal para este momento de tu enfermedad porque os hacen participar activamente en el proyecto. Sois los protagonistas de vuestra enfermedad y ellas saben cómo conseguir lo mejor de ustedes.

28 de septiembre de 2020. Noches sensibles

Querida mamá, anoche te llevé a la cama como tantas noches hago. Te arropé, como hacías vos cuando yo era una nena. Te cambiaste de lado y te tiraste sobre mí, como recogida, como una bebé que se acerca a su madre y necesita que la acurruquen con su calor.

Te empecé a contar lo que habíamos hecho esta semana, porque, aunque no te acuerdes de nada, yo sé que te va bien porque te baja a la tierra, ya que tus días parecen todos iguales pero no lo son. Cambian tus respuestas, tan audaces, tan divertidas, tan sabias, tan devolviéndonos a un lugar ya conocido, tan maternal, tan haciéndonos olvidar esta ingrata enfermedad que tenés.

Entonces comencé mi cuento del día como tantas otras noches. Te conté que fuiste al centro de día, que comiste puré, que te duchamos, que olías muy bien después de la ducha, y me dijiste: «Pero qué obsesión tenés con mis duchas».

Me reí mucho por ese comentario porque vos y yo sabemos que es muy difícil meterte en la ducha. Así que te dije que Emmy (la mujer que nos ayuda cuidándote en casa) te pone una crema que no sé si es magia africana o qué es, pero que te deja el cuerpo con un olor muy rico. Te reíste otra vez cómplice con Emmy. Ella es esta gran mujer con la que te has sumido en un estado de confidencias y risas que os hace cada día más comadres. Me alegra mucho que puedas vivir los últimos años (o quizás meses) de tu vida cerca de una mujer africana, por tu vínculo tan natural con esa cultura. Para nosotras ha sido como un hada aparecida en el momento perfecto. Ella te transmite paz y te saca esa parte traviesa y juguetona, porque te ríe todas las bromas, manteniéndote conectada con la demencia cómica que te sale por todos lados.

Después te conté que un día de esta semana fuiste al centro de día tarde. «¿Cuándo? ¿Cuándo? —me preguntaste—. ¿Cuándo llegué tarde al cole?».

Y de nuevo nos saltó la risa, unas risas repentinas, cómplices, únicas, espontáneas, comunicativas, verdaderas, sonrientes, inteligentes, vistosas, dentudas, atrevidas, comunes, unificadoras, creativas, llenas, dichosas, distraídas, reparadoras, pegajosas, amorosas, rompedoras, sanadoras, familiares.

28 octubre de 2020. Solo existe el ahora

Adentrarme en la agónica senda de la demencia y ofrecerle paz, amor, seguridad y risas. No hay más. El día que ella no esté no sé cómo recordaré todo este calvario incomprensiblemente lleno de ternura. Solo sé que ahora mismo es una luz que me sigue enseñando a vivir con dignidad y libertad.

¡Ay!... la dignidad... ¡pero cuánto de eso tienen las viejas del centro de día!

«Las presas del centro de día», como las llama mi madre con esa ironía sin timidez. Viejas que rebosan dignidad, que en cada acto me enseñan a cómo dejarse ir. Irse plenas, rebosantes, aprendidas de vidas tan diferentes. Solo me sale respetarlas, escucharlas, admirarlas, abrazarlas, decirles que está todo bien; como con una bebé pero en reverso, porque son las madres muertas que nos parieron a todas. Ellas que ahora viven inmersas en una demencia en la que no comprenden nada más que lo que viven en el presente porque ni el pasado ni el futuro existen.

En estas vicisitudes aprendo a corearme hacia mis adentros «Solo existe el presente» como un mantra. En los días más duros es lo único que me mantiene en el ahora.

El presente. Ese delicado y efímero instante que se va engullendo en cada segundo como si no transitase y que cuanto más lo atesoras más te afianza con la serenidad.

Ese presente. Un suspiro de nuestra vida enlazado con otro que no aprendemos a cuidar hasta que ocurre el naufragio.

El naufragio. Ese presente nos lo arrebata una tragedia, un gran susto, una idea única, un amor irrepetible. Y una y otra vez que ocurre, esas madres, tengan la edad que tengan, estén donde estén, nos enseñan. Todas naufragamos en algún momento. Por eso básicamente somos todas iguales.

Y yo sigo repitiéndole, repitiéndome, repetir y repetir.

Muchas veces no sé qué ni cómo. No sé si hablarle de mi padre, de su trabajo, de sus viajes, de su vida, del pasado, del exilio, del comunismo, de su infancia, no sé hasta qué punto sufre o se alegra por ello.

No dudo de su mirada maternal y cuidadora aún, pero no entiendo muchas veces que hay ahí adentro, si son recuerdos dolorosos, amorosos, tristes, lejanos, vacíos... No sé en qué estado está su interior para asimilar las sensaciones que transportan los recuerdos, o en su caso los no recuerdos.

Me llena de orgullo tenerla conmigo y que me tenga cerca, pienso en dónde y cómo estaría mi padre si estuviese vivo. Si estaría enfermo como ella de ese Alzhéimer que él siempre temió y maldecía como la única enfermedad que jamás hubiese querido vivir ni hubiese querido para nadie a quien amaba.

Imagino si él supiese. Sí, sé que sabe, porque hablo con él frecuentemente. Últimamente hablo muy a menudo con él.

Esta enfermedad tan ingrata, tan malvada, sádica y al mismo tiempo tan pedagógica. «Solo existe el presente», me remarco.

Papá lo sabe porque lo hablo con él desde la estrella donde se postra desde que falleció. Me pide paciencia y nos alaba con cariño: «Lo estáis haciendo muy bien, queridas —me dice—, sois unas hijas fantásticas», me asevera. «Esto que les tocó vivir es un naufragio en toda regla», me sentencia.

25 diciembre de 2020. Navidad dolorosa

Nadie sabe nada hasta que lo vive. Vives lo que la vida te obliga y no elijes tu camino, eso es una falsedad para engordar el ego. La vida te lleva a donde le da la gana y una va disimulando y haciendo como que eligió algo de lo que está viviendo, cuando jamás pasa así. La vida ya eligió por ella.

Eso nos hace recrear nuevas historias sobre una misma. Son falsedades para que el frágil ego no se sienta más herido, porque el ego tiene la utilidad de protegernos y hacernos de escudo de defensa.

La vida te va dando y dando... y en alguna de esas en las que te da de más aprendes algo. Pero jamás eliges, porque si realmente pudiésemos elegir seríamos plenamente felices, siempre.

2021

12 de febrero de 2021. Risas acumuladas

Esas respuestas tan divertidas y cariñosas. Cada día me sorprendes con una nueva.

—Mamá, si no estoy cuando te despiertes de la siesta acordarte que estoy sacando a la perra. Entonces, mamá, si no estoy cuando te levantes: ¿dónde estoy?

—En mi corazón —me responde.

—Mamá, si no estoy cuando te despiertes de dormir, ¿dónde estoy?

—Te fugaste.

***

—Mamá, te voy a sacar la presión.

—¿Por qué me vas a sacar la pretensión? —me contesta.

***

—¿Hija, por qué tengo que dormir con el aparato de oxígeno? —me pregunta después de año y medio durmiendo con él.

—Porque el neumólogo dijo que te tenías que acostar con él —respondo.

—¿Con quién, con el neumólogo? ¿Es guapo? —me contesta.

***

—Mamá, ¿dónde están tus gafas?

—No lo sé, tengo Alzheimer.

***

—Mamá, no podés repetir helado, acabas de comerte tres bolas.

—No me acuerdo, tengo Alzheimer.

—Mamá, me han contado que hay viejas muy estúpidas, rencorosas y malas, tenemos mucha suerte con vos, que sos tan buenita.

Después de esta gran verdad y un no parar de reírnos durante minutos, aunque no nos fijemos mucho en los demás, cuando lo hacemos nos quedamos sorprendidas de cómo se tratan las familias en general. Y seguimos riéndonos de esas viejas amargadas que existen y hacen la vida imposible a sus familiares.

—Mamá, ¿sabés quién es la mejor mamá del mundo?

—Yooooo —me responde veloz, sin haber terminado la pregunta.

Y así una detrás de otra. ¿Cómo me voy a tomar en serio lo que te pasa, mamá, si seguís llenando esos espacios de incertidumbre y de confusión con más risas y complicidad? Qué ataques de risa, mamá. Los voy a extrañar mucho cuando no estés.

20 de mayo de 2021. Rejuvenecer envejeciendo

El beneficio psicológico de asistir al centro de día se nota en su rapidez mental, en su demostración afectiva, en su querer ayudarnos en la casa (sin saber cómo), en las manualidades preciosas que nos trae de regalo semanalmente.

En agosto ya hará un año que la llevamos y está mucho más sociable y despejada. Eso también convierte el día a día en un lugar cada vez más tierno, más cariñoso y más divertido, y por ende más llevadero.

06 de junio de 2021. Estabilidad temporal

Una vez más la madre que me parió vuelve a retomar su papel después de tanto tiempo medio perdida, como una maga convierte el infierno en una situación masticable, hasta divertida.

Se ve en las fotos y en los videos mensuales que nos envían del centro de día de mamá cuando está entretenida en sus quehaceres, jugando, montando puzles, recortando cartulinas coloridas con mensajes, haciendo gimnasia suave, recibiendo masajes para los pulmones... fotos que muestran lo ocupada que la tienen durante el día y que, además, podemos compartir con la familia y las amistades.

Gracias a las terapias de juego y de movimiento se la ve por primera vez distraída en mucho tiempo y al mismo tiempo llega tan cansada a casa que por la noche duerme profundamente.

Todo ello hace que podamos disfrutarla de otra forma y que recobremos algo de estabilidad en un tiempo de tensión continuada. Desde las nueve de la mañana hasta las cinco de la tarde, por fin, logramos trabajar y ocuparnos de nuestra vida, estas son horas liberadoras. Es como un tiempo que se nos regalara ante la imposibilidad de cambiar la realidad, y a la vez hace que sus días se conviertan en un juego constante.

Nosotras ya estábamos al límite y ella también necesitaba socializar, verse en otro entorno, «sobrevivir» sin nosotras a su lado. Ha sido una gran decisión para nuestra salud mental. Ya no tenemos que hacer turnos cada día para ver quién se queda con ella de nueve a cinco. Tenemos que llevarla e irla a buscar al cole y acompañarla las tardes, las noches y los fines de semana.

23 de julio de 2021. Su octogésimo segundo cumpleaños

Estoy en un lapso entre el amor que he recibido de ella y el que me queda por retornarle. Esta época está siendo un gran regalo. Ella quiere descansar, ir al cole (así llamamos al centro de día), comer y dormir. Todo lo demás son extras.

Vivir cómo se desintegra mi mamá es un cúmulo de emociones difíciles de sobrellevar: ¿y si algún día se olvida de mí?

Se nos escapa poco a poco. Se nos está yendo. Se nos va de las manos, tanto ella como esta realidad que nos acongoja. Un naufragio que nos mata cada día que pasa. Y yo aquí intentando darle la vuelta. Exponiendo y mostrando que he decidido aferrarme a la alegría como forma de resistencia. Darle la vuelta a la intocable realidad que me come por dentro, que me devora sin misericordia. Encauzar el día a día sin dejar de sorprendernos por su degeneración, siendo flexibles y adaptándonos al mismo tiempo a todo lo que pasa; es demasiado. Una de las pocas cosas a las que me puedo agarrar es a la idea de que esto solo me pasará una vez en la vida.

Si pudiera pedir algo a algún Dios, sería que siguiera estable y que no empeorase. También que nuestro deseo de mimarla y cuidarla con dignidad y sin dolor se respete.

12 de octubre de 2021. Día de la raza

Esta mañana haciéndole el desayuno le digo a mamá en qué día estamos y contesta: «El día del genocidio».

Hay cosas impregnadas en nuestro fuero interno que trascienden la demencia.

3 de noviembre de 2021. Mi relación única

La estoy perdiendo. No me queda casi nada de su apoyo incondicional. La extraño tanto. No he podido tener ninguna conversación de comienzo a fin con ella desde hace años. Hace tiempo que no puede registrar varias ideas juntas, ni palabras, ni muchas veces sabe conjugar los verbos. Se queda pensando en las palabras que quiere decir y se distrae al segundo en otra cosa. Tal como lo hacen las bebés. Con la diferencia de que ella es una mujer culta, una intelectual de 82 años.

Por descontado, no he podido contarle mis problemas, mis dudas existenciales o algo sobre mis proyectos desde hace tiempo. Es decir, no he podido compartir nada muy complejo con ella, ni pedirle consejo. Mi gran aliada de vida no entiende nada de lo que le digo. Solo sabe que la quiero y me dice a todo: «Sí, nenita, me encanta», sin saber de qué estamos hablando.

Es esta conexión que siempre he tenido con ella, tan maravillosa, tan llena de ternura, la que me ha podido liberar de los demonios y la que me ha vuelto a encauzar.

Ella y yo, juntas, hemos trascendido la inabarcable forma de entender el amor materno, entre ella y yo solo existe eso, una sintonía que nos traspasa y nos rescata y que se ha hecho indispensable en mi identidad.

Esa libertad que yo he sentido siempre entre nosotras se ha convertido en estos momentos en una forma de liberarla de su estado actual. Porque el amor significa ser libremente una misma ante el otro, acompañarse en la vida, sin obsesiones, sin dramas, sin posesiones, sin retenciones, sin restricciones.

Este aquietamiento de su memoria y de su cerebro contradice su resonante corazón sensible, despierto, más perceptivo que nunca. Es como si la demencia le borrase los recuerdos y en cambio le ampliase el corazón. Todo lo siente, todo la emociona, para todo está sensible. Al no poder regular las emociones, casi como una niña, hacemos lo posible para que nada le haga daño, que nada la ponga nerviosa o triste. No le damos las malas noticias, solamente le contamos chistes o historias divertidas, le ofrecemos amor, la hacemos reír, le contamos historias fantásticas para que ese andar en esta fase sea más llevadero.

29 de diciembre de 2021. Primer COVID-19

Mamá se ha infectado de COVID-19. Estoy pasando mi primer COVID-19 y al ser su cuidadora principal y tener un diagnóstico tardío la contagié. La estoy ayudando a morir antes. Estoy matándola sin quererlo. Ella está teniendo un COVID-19 «suave» y sin fiebre, aunque con su patología previa (EPOC en fase terminal) está reventada.

02 de febrero de 2022. Post- COVID-19

Mamá está muy agotada y ya no ha vuelto al centro de día después de salir de su primer COVID-19. Las pocas veces que hemos intentado llevarla se duerme en la silla de ruedas. Las otras, en las que sí hemos podido entrarla en el cole, nos llaman al rato para que la vayamos a buscar, ya que se aploma en cualquier lugar.

Ahora se encuentra en casa dormitando la mayor parte del tiempo, con todo lo que esto implica. Está muy poco comunicativa en esta fase post-COVID-19. La tiene exhausta, lo poco que comunica es desde el cariño y la ternura.

Parece ser el comienzo del fin.

15 de febrero de 2022. ¿Quién cuida a la cuidadora?

En estos años cuidando a mamá he leído varios manuales sobre cuidadoras en los que se prioriza su cuidado: ¿quién cuida al que cuida?

La carga mental de las cuidadoras es muy estresante. La organización del día a día implica más que el hacer, el pensar continuamente. Todo esto genera estrés y agotamiento emocional.

El Estado español no está preparado para la cantidad de personas dependientes que necesitan atención. Las familias (las mujeres, sobre todo) nos llevamos casi todo el trabajo, cuando debería ser un derecho que el Estado velase por el cuidado de este tipo de patologías. Nos vemos completamente aisladas y abandonadas, con pocas opciones gratuitas y ayudas bastantes precarias. El cuidado de una enferma de Alzhéimer o con cualquier tipo de demencia le cuesta a una familia casi un 70 % más que cualquier otro gasto familiar. Y sin embargo no podemos hacer huelga porque es un cuidado 24/7.

Las cuidadoras en esta situación de alerta diaria y estrés constante sacamos lo mejor de nosotras mismas y también lo peor. La rabia y el enfado te sacuden mientras puedes caer en el victimismo fácilmente. Olvidarse de coger la vida por los cuernos y decir: «OK, esto es lo que me ha tocado vivir, dame más, voy a sacar lo mejor de mí». Muchas veces hacemos lo opuesto, abatidas caemos en el abismo.

Lloro desesperada porque mi madre nos está dejando poco a poco y sin remedio y se está yendo a un lugar más pacífico, pero sola. Con una alta dependencia que hace que todo sea más inhumano. Son momentos muy difíciles en los que es fácil darse por vencida. La situación te arrastra a las partes más oscuras de tu interior.

15 marzo de 2022. Una muerte lenta

Ayer tuvimos el diagnóstico de la unidad de paliativos del PAC (ambulatorio local) y nos confirmaron que mamá tiene menos de un año de vida. Nosotras pensamos que mucho menos, porque desde esta fase post-COVID-19 está decayendo, se ahoga más a menudo. Mi madre está muriéndose lentamente, rodeada de amor. Ya no sabemos bien qué es lo que entiende. A ella no le hemos contado nada. Es una pena no habérselo podido contar, pero su demencia es tan agresiva que no podría gestionar algo así. De todas formas, ella es la primera que sabe que su cuerpo se va y que está en ese proceso, ella es la que más sabe que se muere despacio.

En mi casa siempre hemos hablado sobre la importancia de una muerte digna, del respeto a la voluntad de las personas sobre sus últimas decisiones y sobre cómo irse de este mundo. Por eso, ella firmó el documento de las últimas voluntades anticipadas[XXVI] con su médica de cabecera, y nosotras fuimos testigos conscientes de lo que quería para el final de su vida. Nos es muy difícil tomar la decisión de afrontar el proceso de eutanasia, aunque en casa hemos estado siempre a favor, aún no estamos preparadas, y con el estado de salud tan deplorable que tiene sabemos que no va a durar mucho más.

Sí, la muerte puede ser agradable. La muerte debería ser siempre amable, y si el sufrimiento no se alargara sería extraordinario saber cómo poder llevar a cabo el trayecto sin dolor. Nuestro deseo es que se duerma tranquila y no se levante más, en vez de vivir un camino agónico y dramático.

16 marzo de 2022. El día después de la noticia

Hoy ha pasado un día desde el notición. Hablamos con su hermano pequeño ayer, Jorgito (mi padrino), que vive en Argentina. Cada vez se acerca más a mí, a pesar de estar tan lejos geográficamente. Quiere que el estar lejos no sea un obstáculo entre nosotras. Le conté que mamá tenía menos de un año de vida según el equipo de paliativos. Le expliqué que ya no podía ver más sufrir a su hermana y que de alguna manera queremos que pase cuanto antes. Me contestó que sabía muy bien a qué me refería porque él también lo había vivido con mi abuela.

Quererla viva más tiempo solo sería un deseo egoísta. Después de este COVID-19, con un EPOC en fase terminal, con oxigenoterapia 24 horas, broncodilatadores aleatorios y con una demencia que la confunde, su mente-cuerpo ya no dan más de sí.

Malditos cigarrillos. Mamá siempre decía que aunque ella fumaba desde los 12 años en las pruebas de espirometría su médica le decía: «Parece que no has fumado nunca, Amalia».

Gracias a la demencia un día se olvidó de fumar. A veces nos pide cigarrillos, pero al rato se le pasa. El EPOC lo comenzamos a detectar cuando se agitaba subiendo cuestas no muy empinadas, cuando caminar 10 minutos se convirtió en un suplicio. Cada dos años tenía un síntoma peor, hasta el diagnóstico.

En la época de mis padres adultos (desde los 60) estaba completamente normalizado fumar cantidades como dos o tres paquetes diarios. Se fumaba en los hospitales, en los aviones, en el bus, en todos los cines, en los lugares de trabajo, en todos lados. Era una generación de adictas al tabaco.

20 de marzo de 2022. Semana reveladora

Querida mamá, aunque ya supiésemos, estamos en estado de *shock*. Sabíamos, pero hay tantas formas y niveles de saber.

Cuando el inconsciente sabe pero no lo expresa hacia afuera. Cuando el intelecto también sabe pero tampoco lo cuenta. Cuando solo sabe el alma y también se lo guarda como un secreto (de esos que si se dicen ya no son íntimos ni son tesoros escondidos).

La explosión de claridad viene cuando alguna persona (puede ser un profesional médico o una persona que ya estuvo donde has estado tú) te lo suelta sin tapujos. Ahí es cuando entras en estado de *shock*, porque te reverbera lo que tu alma ya conoce y guardaba con coraje.

Al salir para afuera se hace más real.

Esta es una de las grandes capacidades que tenemos los seres humanos: el poder elegir qué pensamientos compartimos. Podemos pensar y reflexionar lo que nos dé la gana sin que nadie lo sepa. Podemos seguir pensando diferentes cosas y jamás tener que contarlas a nadie más que a nosotras mismas.

Entonces, en esta última situación, en la que un espejo (encarnado en otro ser humano) se te pone delante y te dice: «Tu madre tiene menos de doce meses de vida», ahí es cuando por fin tu alma, tu intelecto y tu ser comunicativo finalmente se alinean, descongelando ese estado de parálisis. Desbloqueas la inmovilidad rescatada por una realidad abrumadora. Ahí es cuando por fin estás más preparada para la siguiente y más dura batalla: la muerte que te acecha no es tu imaginación, ahora ya te escucha, te habla, te sigue, se te aparece. Comienzas a convivir con ella porque ella ya es parte de tu vida.

1 de abril de 2022. Te quiero mucho

Querida mamá, sigo escribiendo este diario, ya que no te lo puedo contar, te lo cuento por acá. Te quiero mucho.

3 de abril de 2022. Muertes en vida

Mi madre ha vivido una vida contigua a la muerte. Comenzó a morir el día en que su hermano menor Félix Carlos falleció con quince años en un accidente familiar. Mi abuela Amalia[XXVII] emigró a Argentina, donde se enamoró, formó una familia y dejó de cantar ópera para dedicarse a ser madre, nunca se recuperó de la muerte de su hijo más pequeño. Sufrió una depresión aguda y también pasó sus últimos años de vida con una demencia galopante. Un caso más en la familia de depresión aguda seguida por esta enfermedad.

Mi madre siguió muriendo varias veces cuando sus compañeras de militancia en la Brigada Masetti[XXVIII] empezaron a desaparecer. Cuando también «se llevaban» a sus grandes camaradas del ERP[XXIX]. Cuando comenzaron las desapariciones bravas en su entorno. A ella, con cada una, se le moría algo por dentro.

Por eso nunca quiso volver en democracia a su país, porque decía que ese país la había roto por dentro. Por no encontrarse a los milicos que la habían secuestrado a ella y a su familia, a la familia de mi padre y a tantas amistades cercanas. Ese trauma permaneció, aunque muchos fuesen juzgados en un ejemplar proceso histórico y casi único mundialmente para la reconciliación de la justicia y la memoria en combate con la impunidad.

Todas muertas o desaparecidas. Siempre nos decía que la patria es donde están los afectos y que a ella no le quedaban en Argentina; esas despedidas lloradas durante toda una vida.

La soledad del exilio la suplen la nueva patria y las nuevas amistades, que, al final, en una realidad individual tan politizada, son lo único que nos queda. La patria sin libertad ya no es patria, leí en alguna poesía de Marina Tsvetáyeva. Porque cuando una se va expulsada de su tierra no tiene más elección que alejarse...; las exiliadas no son las valientes, están impregnadas del miedo que las persigue hasta que llegan a lugar seguro, un lugar que a veces es tan seguro que las confunde. Aquella socialdemocracia que muchas aparentaban desear se convirtió en un capitalismo feroz del que no han podido escapar, inmoladas por su dinero, su materialismo, su superficialidad; en el que, además, por mucho que se disfracen nunca llegan a ser de donde viven, nunca dejan de ser inmigrantes.

Pequeñas y grandes muertes que van minando el alma, un espíritu que sufre cada vez que recuerda. La demencia como un olvido obligado para las personas que han sufrido tanto.

Mi madre volvió a morir un poco cuando no pudo estar cerca de sus padres enfermos, a los que les quedaba poco de vida. Que tus padres fallezcan lejos y que tú no puedas ir a su funeral por motivos políticos es muy difícil de curar. Andas despistada pensando que algún día aparecerán.

Ese cierre tan ancestral es innato de todas las civilizaciones porque es un cierre necesario. Despedirse, honrar al muerto, edificar templos funerarios para tu familia es de las pocas cosas tan intrínsecas y comunes al ser humano.

13 de abril de 2022. Cárcel de viejas

Hace un mes y medio que ingresamos a mamá en una residencia para personas mayores altamente dependientes. La decisión la tomamos mi hermana y yo finalmente después de la última caída que tuvo de noche al levantarse de la cama. Estábamos en plena madrugada y de golpe oí un ruido brusco, salté de la cama y la encontré tumbada en el suelo de su cuarto con la nariz y la cara golpeadas, sangrando. En ese momento, me di cuenta de que si no la llevábamos a un lugar donde tuviese cuidados profesionales 24/7 la íbamos a matar en casa.

Todo iba a ser mucho más dramático. Ver morir a mi madre por un accidente casero era un bache imposible de imaginar y seguramente de asimilar.

Una de las causas más comunes de accidentes caseros con las ancianas dependientes es efectivamente eso: vivir en un lugar que no esté equipado para sus necesidades. En casa, por poner un ejemplo, no teníamos una cama adaptada. Poníamos unas maderas y sillas a los costados para evitar caídas. Sin embargo, esa solución también fue un peligro añadido, ya que se podía romper la cabeza dándose contra la esquina de la mesita o la silla, o con cualquiera de los aparatos que habíamos puesto pegados a la cama justamente para lo contrario, para ayudarla. No teníamos una ducha adaptada, no teníamos las barras en las paredes para que pudiese caminar apoyándose en ellas, era difícil mover la silla de ruedas por los pasillos de la casa, tampoco entraba en el baño. Un sinfín de complicaciones que nos hacían el día a día, además de peligroso, incómodo para ella.

Entonces, por fin, tomé la decisión después de casi dos años amarrada a la opuesta: «Mi madre no irá a una residencia. Será por encima de mi cadáver».

Afortunadamente, la realidad me volvió a transformar, como un torno maleable. Este hecho me hizo tomar una de las decisiones más difíciles de mi vida: era la correcta, pero no por ello dejaba de ser dolorosa.

En este trayecto final de su vida, mamá, además de nuestro acompañamiento amoroso, necesitaba enfermeras, auxiliares de geriatría, médicas y un equipo de profesionales que estuviesen dedicadas a ella.

Y sus hijas teníamos el derecho a poder disfrutarla en sus últimos meses de vida en vez de estar tan estresadas y ansiosas como para solo querer escapar. Irnos. Volar. Desaparecer. Escondernos.

26 de mayo de 2022. El COVID-19 que no se escapa

Mamá se ha contagiado de su segundo COVID-19 en la residencia donde vive ahora. Esta vez ha sido muy serio. La ingresamos en el hospital con una falta de oxígeno grave. La neumóloga me llamó de madrugada para decirme que tenía que estar preparada para lo peor: «No entiendo cómo ha llegado con esta falta de oxígeno. No sabemos si pasará la noche. Tu madre está muy mal. Debes estar preparada. Le vamos a dar todo el oxígeno que podamos, pero eso también puede ser contraproducente por la cantidad de dióxido de carbono que ingerirá».

Contesté a la neumóloga afirmativamente, aunque no fuera así, porque nunca lo estás. Piensas que sí.

Además llegó con una infección grave, una neumonía que arrastraba desde hacía días y que en la residencia no habían notado. Estuvo ingresada intubada por horas durante dos semanas en aislamiento total. Confinada en un cuarto blanco con una ventana que apenas abrían. Sola y desquiciada, lo pasó fatal. No comprendía qué le pasaba y por qué estaba ahí y no tenía a nadie que le explicase. Las enfermeras entraban unas ocho veces al día vestidas con EPI, estaban durante pocos minutos y en su imaginación a saber qué pensaba de esos seres extraños que aparecían para controlar su estado.

Cuando fui, ataviada con uno de esos equipos, no me reconoció hasta que escuchó mi voz familiar. Fue un trago horrible.

Por esta situación, tuvo varias crisis de demencia. De esas en las que se pone a hablar rapidísimo cosas sin sentido.

Aun así, solo dejaban entrar a una hija, cada día durante veinte minutos y vestida con el EPI, máscara, guantes y gorro para poder tranquilizarla y acompañarla. Veinte minutos al día con una persona con demencia que el resto del día no comprende lo que está pasando. Una persona con una enfermedad crónica avanzada con menos de un año de expectativa de vida.

Ha sido horroroso.

No hay forma de comprender cómo nos afecta el dolor en los seres que amamos. El dolor individual es un abismo comparado con este que te arrastra y te saca de tu centro oprimiéndote todo el cuerpo.

Pienso en ella en esa habitación sola, blanca, insípida, mirando al techo e imaginándose que ese era el túnel de su muerte. Sin nadie cerca. Conociéndola mucho, con esa capacidad de imaginación que siempre me sorprendió, sé que esos pensamientos jodidos se esfumaban y hacían que su genio se rebelase para no morir así, para resistir un poco más, para luchar por elegir otro escenario en su muerte.

Habría que poder decidir la hora y la fecha de la muerte y que cada una se manejase con esa información en vida.

5 de junio de 2022. Post-COVID-19, este ya no lo cuentas

Mamá aún se está recuperando. Seguramente este segundo COVID-19 la acompañará hasta su último respiro. Está muy deteriorada.

Por culpa de la negligencia de la primera residencia en la que estuvo ingresada aprovechamos este ingreso hospitalario para gestionar una plaza en otro lugar. Es mucho más caro pero tiene una planta para grandes dependientes como ella.

5 de julio de 2022. La última cárcel

Estamos más tranquilas desde que mamá está en esta nueva residencia. Ella también, ya que no está en modo alerta todo el rato como en la anterior ni asustada, sino en paz, y al mismo tiempo curiosea para ver qué pasa a su alrededor. Una tranquilidad tan anhelada aunque dure minutos, horas o pocos días. Porque en pocos días «algo» siempre pasa que te vuelve a reconectar con ese estado de alarma que permanece latente desde hace años.

Ella masculla apretando los labios, confinándose y encerrándose en sí misma, sin hacer caso. Esos son momentos de enfado y de indignación por la mierda que vive, hay que dejarla estar un rato, el tiempo que necesite, un minuto, unas horas, y después vivifica, despierta y es la reina bonita, agradable, divertida con su alrededor.

Se lleva el corazón de las cuidadoras. Se hace compinche con las personas que la cuidan y con nosotras, «las hijas pesadas», como nos llama porque la comemos a besos.

Sus cables de oxígeno nasales se han convertido en un órgano más que le regala tiempo de vida. Depende tanto de su entorno social que ella inteligentemente ha decidido seducir a todas las personas que se acercan. Se derriten por su debilidad y fortaleza tan visible, conviviendo ambas de una manera tan natural y fantástica a la vez.

10 de julio de 2022. Morir sin preocuparse

El diagnostico de CA (crónica avanzada) implica que ya no va a haber traslados hospitalarios de ningún tipo. También que ante cualquier recaída o enfermedad extra que pueda tener intentarán cuidarla como enferma paliativa. Le darán morfina (prescrita ya por su médica de cabecera, que manda la orden a la médica de la residencia) cuando vean que tiene dolor o se ahoga mucho.

Para nosotras esta es una batalla ganada en el proceso de muerte digna sin más sufrimiento innecesario. La dignidad de la enferma va por encima de todo y eso es lo que pretendemos con ella, que esté tranquila en este último proceso de vida.

La nueva residencia está equipada con enfermeras, asistentes geriátricas, coordinadoras de piso; en definitiva: un equipo profesional y sobre todo afectuoso y empático que sabe y respeta la decisión de cada familia y la situación personal de cada paciente.

Tiene pocas visitas. Mi hermana y yo nos alternamos diariamente. También van algunas amigas cercanas y no muchas personas más.

A las personas vivas las medio muertas les dan miedo. Y a las cobardes las mamás medio muertas mucho más. Infame cobardía de personas que se ceban con sus afectos.

Lo que he aprendido y sigo aprendiendo cada día es mucho más que lo aprendido en cualquier charla, terapia, libro, conversación. Y además permanece aquí, adentro de mi corazón. Es tan inmenso que se ha convertido en irrenunciable, porque solo es mío y solo yo lo sé, como también lo saben las que han entrado en este universo afectivo al decidir estar presentes.

Ese estar presente es poderosamente intenso en situaciones como esta. Una magia que se te impregna como un abrazo inquebrantable. Una sensación anhelada pero imposible de sentir y vivir si eres del tipo de persona que solo te miras el ombligo.

Ella está entretenida, sentada en su silla de ruedas, observando a los demás con ese fisgoneo innato que le sale por los poros y que le hace entretenerse con minucias. También dormita casi el ochenta por ciento del día. Los dos COVID-19 más los últimos ingresos la convierten en una moribunda en su recta final.

El vacío emocional es un abuso. La indiferencia es un abuso. Desaparecer en momentos vitales es un abuso. Actuar como que «no sabes qué hacer» también es un abuso.

Tan esclarecedor es este momento que tengo que agradecer una vez más a la madre que me parió que nos pusiera en este entresijo para poder ver lo que en situaciones cotidianas no veíamos. Faltó vivir un momento así para que esas personas cercanas que compartieron vida con ella sacasen lo peor de sí mismas.

No me retraigo, no me rindo a querer cerca de mí a personas que me demuestren siempre cercanía, afecto, respeto, consideración, constancia.

23 de agosto de 2022. Ya no puedo más

Querida mamá, cuando una se pone finalmente a escribir lo hace por una necesidad del inconsciente, que le ruge en los adentros y se enciende por explicar lo que le pasa. Vos sabes bien de mi necesidad de escribir porque me has leído muchos textos durante toda nuestra vida compartida. Textos de rabia, de política, de amor, de historia, de relatos; textos que lo único que hacen es curar el momento y a la larga poder ver las cosas desde otra perspectiva, siempre creativa, muchas veces sanadora y terapéutica.

Mamá, vos no tuviste que cuidar a tu mamá enferma con demencia, ya que vivías en otro país. Parece que todo esto que está ocurriendo con vos es una manera de conservar y cuidar a nuestras antepasadas.

Tener a un familiar con demencia en casa es una desgracia. Una desgracia económica. Es una desgracia emocional. Es un luto en vida en el que te despides cada día del familiar, y en este caso ya son 3 años de enfermedad desgarradora.

15 de septiembre de 2022. Charlas inverosímiles

Ayer estuve con vos en el salón de la residencia y me preguntaste si estabas enferma. No sabía si reírme o llorar.

Te respondí:

—Aparte del EPOC y la máquina de oxígeno, ¿vos cómo te sentís?

—Yo estoy bien —me contestaste.

—¿Te duele la cabeza? —inquirí.

—No.

—¿Tenés algún dolor físico o hay algo emocional que te preocupe? —seguí con el interrogatorio.

—No —contestaste.

—Pues entonces no estás enferma. Más allá de que a veces se te olvidan algunas cosas, yo creo que no estás enferma.

Me regalaste una sonrisa delicada y te giraste a mirar el jardín.

Voy casi cada día a acompañarte y tampoco sé muy bien qué hacer con vos ahí (en ese lugar que será donde mueras, pero que no es nuestra casa). Te cojo de la mano, te beso, te cuento cosas, pero tampoco muchas, para que no te confundas; te mimo mucho, te llevo chocolates, helado; te llevo a mi perrita, a la que amas; te pongo ópera, música clásica, te canto tangos.

Pero este duelo en vida tan largo es insoportable. Ya no puedo más, mamá.

Lo que es un sinsentido es no poder compartir con vos mi vida como lo he hecho siempre estando vos aún acá. Eso me duele mucho, me duele mucho verte confundida, ver que no sabes articular las palabras o que no te acordás, que la persona tan maravillosa que sos se muere, que no voy a poder reemplazarte y que lo que tenés no tiene cura.

Ahora hay momentos en los que no tragas bien, hay que darte de comer con mucho cuidado. Hace ya tiempo que te damos de comer en la boca, el acto en sí te confunde mucho y te hace perder energía.

Me duele el no poder sacarte a dar un paseo, ya que el oxígeno portátil solo se usa para traslados rápidos.

Me da pena no llevarte a ver el mar, que tanto te gusta.

Y cómo te brillan esos ojos verdes (todos esos verdes en tus ojos) y cómo te comunicas a través de ellos me encandila. Esos grandes ojos verdes que se mueven según quieras algo o no y que sonríen según les guste algo o no, que se ponen nerviosos si ven que hay algo que consideran que está mal.

Estás tan sensible al tacto y al oído. Nosotras te decimos cosas bonitas despacito a los oídos y te tocamos mucho todo el rato. Y esa sonrisa, tu sonrisa cuando estás con nosotras, vale una eternidad porque sé que es de las pocas formas de expresar tu alma amorosa.

30 de septiembre de 2022. La eterna oveja negra

Mujer fuerte y resistente.

Papa y vos nos decíais (además de practicarlo): «Al amor hay que regarlo cada día como si fuese una plantita porque no querés que se muera».

Una mujer que fue la oveja negra de su familia. Marxista comunista internacionalista. Familia que, a pesar de todo, ella siempre cuidó desde donde estuvo, manteniéndola cerca de su corazón más allá de las diferencias políticas irreconciliables.

Una mujer que siempre peleó por la solidaridad y la justicia social, que ahora se ve ahí sentada en la silla de ruedas o en una butaca dormitando casi todo el día, esperando la muerte.

20 octubre de 2022. Súplica de muerte

Mamá, vete ya, vete con papá, con tu hermano, con tus compañeras y con tus padres. Mamá, vete con tus muertitas. Yo no puedo tolerar esto más. Vete, por favor. Dame paz para caminar hacia adelante, para amar, para gozar y no sufrir más.

Verte sufrir así es espantoso, un día ahogada, otro día medio atontada, tres veces a la semana agonizante, la mayor parte del tiempo moribunda.

La muerte está a tu lado, pero te resistís ferozmente, no sé por qué no te dejás ir. Es un final agónico para todas. Tu hermano pequeño Jorgito estuvo acá hace unas semanas, ya se han despedido. Quizás era lo que necesitabas para irte.

No sé qué más esperas que pase.

Vivo angustiada, nerviosa, inflada, irritada, medicalizada, apenada, deprimida, sin fuerzas, estoy realmente hundida.

Sé que vos solo querés mi felicidad. Ayúdame en esto, por favor.

¿Por qué dar tanta importancia a un instante, si ya no habrá memoria? Ya no habrá tampoco reparación. Comprendí, a cuenta de mí misma y hasta la médula de los huesos, que en los últimos momentos de un moribundo se pudiera encerrar el absoluto.

Simone de Beauvoir, *Una muerte dulce*

CAPÍTULO IV

EL ARTE DE MORIR

26 de noviembre de 2022. Un día antes de tu último suspiro

Querida mamá, estaba en mi casa pensando que, en esta semana de ahogos y de dormir profundamente, pareces una bella durmiente.

Estás preciosa así. Tan en paz. Cuando despertás y nos ves a tu lado sonreís tierna y seductora. Te resiste el corazón fuerte a pesar de tu EPOC en estado terminal y después de pasar dos COVID-19 con pocos meses de diferencia entre uno y otro.

Sin embargo, yo sé que la muerte está cerca porque viene acompañada en muchos casos de esa somnolencia eterna. La señora muerte nos engaña y parece que te lleva, pero aún quiere esperar más.

Se suceden los minutos lánguidos con mi hermana viviendo ese momento a solas, cómplices de historias sobre nuestra reducida familia. Nos sentamos alrededor de tu cama, conversamos y vos nos oís sin decir nada. Nos reímos de los recuerdos y anécdotas familiares. Te acariciamos mucho.

Resisten los suspiros y las bocanadas de oxígeno y qué generación tan fuerte aquella nacida en los años cuarenta. Tanto aún que aprender de vuestra generación y tanto aún me queda por hablar con vos, que me parece ahora tan ínfimo el tiempo que hace que estás en mi vida o que estoy yo en la tuya.

Mamá querida, ya estás yéndote y en este raro trayecto que nos ha tocado estamos a tu lado. Al ser hija de exiliadas siempre se entrecruzan las tristezas y la resiliencia en el día a día.

Siempre agradecida por haberme dado la vida. Mamá, con lentitud, te vas de una forma que jamás podrías haber imaginado. Dura como un tanque resistís a la falta de oxígeno y a la saturación que marca la respiración y en definitiva tu presencia.

Porque la muerte es física y está presente, pero el ser que llevas en tu alma después de la muerte física... esa es la madre que siempre estará guiándonos.

Vida y muerte se entremezclan y cuando ya una se come a la otra se vuelven una sola.

I. Ver Capítulo III. Exilio poético.

II. Pereyra, Daniel. *De Moncada a Chiapas. Historia de lucha armada en América Latina*. Madrid: Los Libros de la Catarata, 1994.

III. En 1970 las acciones más importantes de las FAL fueron: «el asalto a un banco en Córdoba; asalto a un tren con toma de armas y dinero; asalto a una clínica en La Plata; toma de un avión en Rosario y lanzamiento de volantes; desarme de la custodia de la Embajada de Estados Unidos; asalto a la Empresa Telefónica; toma de la bandera del Ejército de los Andes en Mendoza y ajusticiamiento del subcomisario Sandoval». *Ibid.*

IV. Fecha conocida como el Día de la Lealtad y considerada como el nacimiento del peronismo, basado en la gran movilización popular del 17 de octubre 1945 exigiendo la liberación de Perón de la cárcel.

V. «John Cooke fue un diputado peronista y representante de su sector más nacionalista que planteó la necesidad de resistir tras el golpe militar de 1955». *Ibid.*

VI. *Ibid.*

VII. Esa misma noche, la Guardia de Infantería de la Policía Federal irrumpió y desalojó con violencia el edificio de la Facultad de Ciencias Exactas y Naturales, que por entonces funcionaba en la histórica Manzana de las Luces, ubicada en Perú 222.

VIII. «Fui desnudado y atado a una cama. Colocaron un anillo en el dedo gordo del pie y me pasaban algo parecido a un rastrillo o un cepillo de alambre por el cuerpo, fundamentalmente sobre el abdomen, pubis y boca; luego sobre órganos genitales y tetillas... hubo un par de momentos en que creí ahogarme o asfixiarme. Luego me empezaron a dar unas grageas blancas, sacadas de un frasco color caramelo cuadrado con tapa de aluminio de unos 5 centímetros de alto. Supongo que era para evitar la electrólisis que pudiera delatar la picana en análisis posteriores». Cortázar, Julio. *Libro de Manuel.* Barcelona: Ediciones Bruguera, 1980.

IX. Pereyra, Daniel. *De Moncada a Chiapas. Historia de lucha armada en América Latina.* Madrid: Los Libros de la Catarata, 1994.

X. *Ibid.*

XI.Hendler, Ariel. *La guerrilla invisible. Historia de las Fuerzas Argentinas de Liberación (FAL).* Buenos Aires: Ediciones Vergara, 2010.

XII. Pereyra, Daniel. *De Moncada a Chiapas. Historia de lucha armada en América Latina.* Madrid: Los Libros de la Catarata, 1994.

XIII. El coche de marca Falcon en la cultura popular de la época de la dictadura fue un símbolo de miedo y muerte, ya que los policías, los paramilitares y los militares los usaban cuando iban a las casas a secuestrar a los militantes.

XIV. Proceso judicial decretado por el presidente Raúl Alfonsín a los integrantes de las juntas militares de la última dictadura militar argentina (1976-1983).

XV. La Alianza Anticomunista Argentina (AAA) fue una organización terrorista parapolicial anticomunista de ultraderecha organizada por el que fuera ministro de Bienestar Social en Argentina, José López Rega, entre los años 1973 y 1975, dedicada a asesinar y a perseguir a comunistas.

XVI. Ludmila da Silva Catela. *Hijos de desaparecidos, hilos de memoria para el futuro*. Buenos Aires (provincia). Comisión provincial por la Memoria. Dirección General de Promoción y Transmisión de la Memoria. Programa Jóvenes y Memoria, [2012?], https://www.comisionporlamemoria.org/archivos/jovenesymemoria/bibliografia_web/memorias/daSilva.pdf

XVII. El Plan Cóndor fue una campaña de represión política y terrorismo de Estado respaldada por Estados Unidos, implementándose en el año 1975 por las dictaduras de Argentina, Bolivia, Chile, Paraguay y Uruguay.

XVIII. Ver Capítulo II. ¿Exilio poético?

XIX. Emily Dickinson. Frases y poemas.

XX. Ver Capítulo II. ¿Exilio poético?

XXI. Mi abuelo materno era médico y durante un tiempo de su carrera profesional fue médico militar.

XXII. H.I.J.O.S. Capital en la Red Nacional Hijos e Hijas por la Identidad y la Justicia contra el Olvido y el Silencio es una organización no gubernamental y sin fines de lucro formada por hijos e hijas de los desaparecidos en la última dictadura militar de Argentina.

XXIII. Durante la última dictadura argentina: «aproximadamente 200 bebés nacieron en cautiverio y fueron apropiados por militares o amigos de estos. Los bebés eran retirados de los Centros Clandestinos de Detención y adoptados o directamente anotados como hijos propios». IDEM DA SILVA.

XXIV. Ver Capítulo II. ¿Exilio poético?

XXV. A mi madre siempre se la ha llamado Goli en entornos familiares en vez de Amalia.

XXVI. Es un documento mediante el cual una persona manifiesta anticipadamente su voluntad sobre el cuidado y tratamiento de su salud o el destino de su cuerpo, para que esa voluntad se cumpla en el momento en que llegue a situaciones en cuyas circunstancias no sea capaz de expresarla personalmente.

XXVII. Mi abuela materna, Amalia Pardo, natural de Albacete, fue soprano y obtuvo gran reconocimiento como tiple lírica en los años treinta en España.

XXVIII. Ver Capítulo II. ¿Exilio poético?

XXIX. Partido Revolucionario de los Trabajadores (PRT)-Ejército Revolucionario del Pueblo (ERP, 1968-1976) fue una organización guerrillera argentina, de ideología trotskista en lo político y que tomaba elementos de la teoría militar de Mao Tse-Tung y de los vietnamitas (adaptados a la urbe).

ÍNDICE

Este libro se terminó de editar en Granada
en septiembre de 2025 por

www.aliarediciones.es
info@aliarediciones.es